Jeder Tag
ein Geschenk

Hans Bouma

Jeder Tag ein Geschenk

Mit Aquarellen von Ingeborg Reich

SKV-EDITION

Wie ist es möglich, dass es dich gibt

Wie du einst angefangen hast – in der lieblichen Umarmung, im weisen, so lebensklugen Universum des Mutterschoßes. So leiblich, wie du dich abgezeichnet hast; so unwiderruflich, wie du Gestalt angenommen hast.
Du – tastend nach einem Namen.
Du – langend nach einem Gesicht.

Und schließlich hast du den Ozean, den Kosmos, der dich wiegte, verlassen. Und schließlich nahmst du hörbar, sichtbar an der Geschichte der Menschheit teil.

Atemlos das Weltall, das große, unermessliche Weltall. Wie ist es möglich, dass es ihn gibt – einen *Menschen!* Wie wenn du der erste wärest. Du. Wie ist es möglich, dass es dich gibt!

REICH

Ein prachtvoller Mensch

Wenn nur jeden Tag etwas geschieht, wobei es um dein Herz geht – etwas, womit du deiner Bestimmung entsprichst. Etwas von bleibendem Wert.

Es gibt so vieles, was dich in Anspruch nimmt, und es mag nützlich sein, sinnvoll, aber dein Herz ist daran nicht beteiligt. Wenn nur jeden Tag etwas an Freundschaft, an Zärtlichkeit, an Liebe geschieht. Etwas, womit du beweist, wie prachtvoll du bist, was für ein prachtvoller Mensch du bist.

Rede dann von Glück

Wenn du einen Augenblick, so lange, wie eine Ergriffenheit, eine Entzückung andauert, jemandes Mensch, jemandes sehr naher Mensch bist – wenn jemand in deinen Augen ein Zuhause findet, wenn jemand in der Wonne deiner Aufmerksamkeit schwimmt,

wenn du eine Quelle der Hoffnung, ein
Garten des Wohlwollens bist, rede dann von Glück. Dann bist du am schönsten, am menschlichsten.

Nicht zu glauben

Nicht zu glauben. Unmöglich. Aber es kam mir zu Ohren, es überflutete mich. Bis in alle Tiefen meiner Seele erfüllte er mich – dieser Traum von einer Welt, in der das Leben eine einzige Sinfonie ist.

Nicht zu glauben. Unmöglich. Aber ich glaube daran, ich habe es gehört, ich habe es mit eigenen Augen gesehen. So wahr ich lebe: Es *wird* dazu kommen, dieser Traum *wird* in Erfüllung gehen.

Steige hinunter

Immer wieder den Weg zurückgehen. Den Weg zu deiner eigenen Innenseite. Den Weg in die tiefsten Schichten deines Namens.

Es scheint Zeitverlust zu sein. Was bringt es dir ein? Aber wenn du dich nicht mehr in dein eigenes Landesinneres zurückziehst, dann verlierst du dich *selbst.* Langsam verwischst du dich.

Nimm dir Zeit. Steige hinunter in dein Inneres. Komm wieder zu Atem in der Stille deiner Herzgegend. Damit du immer stärker, immer wehrhafter wirst. Immer mehr Mensch.

Achte auf die Blumen

Was gut für dich ist, wirklich gut; was zu deinem Glück beiträgt, es muss dir nur einfallen. So viele Wege tun sich auf, so viele Werte präsentieren sich.

Außerordentlich unsicher kannst du sein. Ganz einfach führst du dich selbst in die Irre – oder *wirst* du in die Irre geführt. Was gut ist – nur in materieller Hinsicht gut? Glück, wirkliches Glück – ist es käuflich?

Achte auf die Blumen. Was gut für sie ist? Ihre Weisheit schöpfen sie aus der Erde – aus der Erde, in der sie so vertrauensvoll wurzeln. In reichem Maße, *ganz* Empfänglichkeit, sehnen sie sich nach dem Licht. So natürlich, wie sie sind, stehen sie in voller Blüte.

Er ist dein Leben

Dein Körper. Die Gestalt, in der du am Leben teilnimmst. Das intimste und irdischste Haus, in dem du nur wohnen kannst. Dein Körper. Du, Mensch bei lebendigem Leibe.

Bewerte ihn positiv. Feiere ihn. Umgib ihn mit Verwunderung, mit Respekt. Vertiefe dich in seine Weisheit; folge seinem Rhythmus, seinen Jahreszeiten. Sei empfänglich für seine eigene Sprache – so vieles hat er dir zu sagen.

Dein Körper. Freue dich, dass du ihn besitzt! Verdirb, vernachlässige, missbrauch ihn nicht! Verschaff ihm Geltung. Verschaff dir selbst Geltung. Dein Körper – er ist dein Leben.

REICH

Wer bin ich?

Fragen stellen. Wer bin ich, was bedeute ich, was ist meine Bestimmung? Dazu bist du Mensch. Dein Leben lang bist du auf der Suche nach dir selbst.

Unruhe. Du hast dein Endziel nie erreicht. Du befindest dich in einem endlosen Prozess. Ein entspanntes und bequemes Leben ist vollkommen unmöglich. Womit fängst du an? Mit dir selbst. Immer wieder mit dir selbst. Wie wenn das nicht sinnvoll wäre! Wenn du nicht mehr fragst, dann verflüchtigst du dich. Nur indem du beharrlich suchst, wirst du finden. Und gerade wer findet, wird auch wieder suchen.

Träume von der Erde

Diese Blumen – nicht von Menschen arrangiert und organisiert. Träume von der Erde, der lieben Erde. Träume, die Stück für Stück in Erfüllung gegangen sind.

Mit ihren Farben und Düften erzählen sie bis in alle Einzelheiten ihre Geschichte. Atemlos hörst du zu. Versuche nur, sie nachzuerzählen. Die Geschichte vom Leben, das leben will. Diese uralte Geschichte, die auch deine eigene Geschichte ist. Der Abschied fällt dir schwer. Etwas sehr Hohes, etwas sehr Tiefes geschah dir. Glück geschah dir. Du hast es am eigenen Leibe gespürt, du hast es in tiefster Seele erfahren.

Die Domäne deiner Seele

Was dir sehr viel wert sein sollte: deine persönliche Freiheit. Deine Gedankenfreiheit, deine Handlungsfreiheit. Deine Freiheit, zu träumen; deine Freiheit, zu hoffen. Deine Freiheit, ein anderer/eine andere zu werden. Deine Freiheit, zu lieben.

Deine Freiheit. Gib sie niemals aus der Hand. Sonst gibst du dich selbst aus der Hand. Dann lebst du nicht mehr selbst, dann wird dein Leben von anderen bestimmt. Das ist kein Leben mehr!

Vieles hast du nicht in der Hand, vieles musst du anderen überlassen. Aber *eine* Domäne darfst du niemals preisgeben: die Domäne deiner Seele. Sie ist der Ort, an dem du deine eigenen Entscheidungen triffst. Deine eigene Geschichte schreibst. Der Ort, an dem du unumwunden du selbst bist.

Augen, die mich sehen

Deine Augen – so fragend, wie sie sein können, so peinlich fragend. Deine Augen – so traurig, so enttäuscht.

Wertvollere Augen gibt es nicht. Augen, die mich sehen, so wie ich wirklich bin. Hätte sein können, hätte sein sollen, noch immer sein darf. Augen, die mich sehen.

Zeiten voller Ewigkeit

Zeiten, in denen du dich wie Licht, wie Wärme, wie Brot mitteilst.
Zeiten der Hilfsbereitschaft, der Dienstbarkeit.
Zeiten der Freundschaft, der Zuneigung. Zeiten der Zärtlichkeit,
Zeiten der Liebe.

Ausgefüllte Zeiten. Zeiten, reich an Geschichte; zukunftsträchtige Zeiten. Sie bleiben endgültig wirksam. Zeiten voller Ewigkeit. Zeiten, die den Kern deiner Existenz ausmachen. Niemals zeigst du *so* dein wahres Gesicht. *So* bist du also. Mensch, unwiderruflich und unvergesslich Mensch.

Deine Verwunderung

Dich in deiner Verwunderung – in deiner Verwunderung über das Gewöhnlichste – zu erkennen geben. Der Glanz, der Duft eines Apfels. Das Erhabene eines Baumes. Der spielerische Charakter des Lichtes. Die Offenherzigkeit einer Blume. Das Gewöhnlichste. Jemand, der dir fröhlich zuwinkt. Das Lächeln eines Freundes, einer Freundin.

Deine Verwunderung. Damit ist so viel gesagt. Du gibst auf diese Weise eine sehr stimmige Definition von dir selbst.

Deine Verwunderung. Du bist erstaunt über alles, was das Leben dir nur so zu bieten hat. Und die Menschen um dich herum sind wieder erstaunt über dich. Du wirst zutiefst wiedererkannt.

Irgendwie nützlich

Enttäuschungen, Schmerzen, Kummer. Du kannst ihnen nicht entrinnen. Sonst müsstest du sehr oberflächlich leben. Zu niemandem, zu nichts hättest du eine Beziehung. Niemand, nichts berührte dich. Aber lebtest du dann wirklich?

Aber du bist klüger. Also: Enttäuschung, Schmerz, Kummer. Was ich dir wünsche: dass du nicht darin aufgehst, nicht damit identisch wirst. Du gehst darüber hinaus. *Mehr* bist du – *mehr* als das, was dich deprimiert, aus der Fassung bringt, innerlich antastet.

Mensch bist du. Sei *so* klug, dass du es konstruktiv, produktiv machst. Lass es irgendwie nützlich sein. Du kannst dadurch wachsen, erneut aufblühen.

Du

Wo ich auch sein mag, wie weit, wie tief, wie hoch ich auch sein mag – immer in deiner Reichweite, immer berührbar für dich. Wo ich auch sein mag, immer deine Stimme, ein Bogen der Zuwendung. Immer dein Gesicht; Augen, die mich sehen – denn sie sahen mich schon.

O du. Wo ich auch sein mag, Seele an Seele mit mir. Du. In allen Höhen und Tiefen, in allen Tiefen und Höhen mein Mensch, mein sehr naher Mensch.

Ein neuer Tag

Früh am Morgen. Emporsteigend aus der Tiefsee deiner Träume, kommst du wieder zum Bewusstsein – erreichst du das Festland eines neuen Tages.

Licht strömt in dein Zimmer herein, mildes und freundliches Licht. Du hörst Vögel. Hochgestimmt singen sie ihr Lied. Ansonsten ist alles still.

Du stehst auf, schaust hinaus. Eine Welt, die gerade geboren wurde. Und so fühlst du dich auch selbst. Ein anderer Mensch. Du sprühst vor Freude. Alles glänzt. *Leben* willst du, mit ganzer Kraft leben.

In voller Blüte

Ich wünsche mir nichts lieber, als dass du innerlich wächst. Als dass du an Verwunderung, an Rührung, an Ehrfurcht zunimmst. Als dass du in der Aufmerksamkeit, in der Treue, in der Freundschaft vorankommst. Als dass du in der Hoffnung, in der Kreativität, in der Liebe immer stärker wirst.

Ich wünsche mir nichts lieber, als dass dein menschliches Profil immer deutlicher wird. Worin deine Stärke auch sonst liegen mag, Mensch sollst du sein, maximal Mensch.
O du. Wenn du nur in voller Blüte stehst. In der Blüte deines Herzens. Eine höhere Blüte gibt es nicht.

Meine liebste Sprache

Warte – ich rolle einen Läufer für dich aus, einen Läufer leicht federnder, leise summender Poesie. Es ist ein Willkommen. Ein zärtlicher Beifall. Warte – ich pflücke Worte aus der Luft und webe und webe. Ich hülle dich in meine liebste Sprache. Liedchen singe ich für dich, glänzende, hochgestimmte Liedchen.

Du hast es so sehr verdient. So ursprünglich und freudig, wie du deinen Weg gehst. Wie du in deinem Namen aufblühst, dich nach dem Licht sehnst. Du musst gefeiert, stürmisch gefeiert werden.

Sie kann sich sehen lassen

Immer besser lernte sie sich selbst kennen. Immer tiefer war sie mit sich selbst im Gespräch. Sie ist sich ihrer Qualitäten bewusst. Sie weiß auch, welche ihre Grenzen, ihre Schwächen sind.

Es hat eine Zeit gegeben, in der sie mit sich selbst elendig zerfallen war. Sie lehnte es ab, sich selbst anzunehmen. Diese Zeit ist vorbei. Allmählich hat ihre Identität immer festere Umrisse angenommen. Sie hat mit ihrem Körper ein Bündnis geschlossen. Sie hat sich in ihr inneres Muster gefügt.

Sie ist glücklich mit sich selbst. Sie kann sich sehen lassen. Sie hat das Recht, zu reden; sie hat das Recht, zu schweigen; sie hat das Recht, zu lieben. Es blühen Blumen auf dem Boden ihrer Seele. Blumen, die nicht verwelken.

Heimisch beieinander

Sie ist dir so sehr vergönnt: Freundschaft. Wer kann ohne sie leben? Freundschaft bedeutet: ein Dach über dem Kopf, Vertrautheit, Geborgenheit. Du fühlst dich heimisch bei dem andern, gehst bei dem andern ein und aus – wie wenn ihr verwandt wäret.

Freundschaft ist: immer willkommen, immer zugänglich sein, vollkommen akzeptiert werden. In den Augen des andern wohnen, in der Seele des andern wohnen. Einer des andern Mensch, zutiefst einer des andern Mensch sein.

Viele Freunde brauchst du nicht. Viele kannst du auch nicht bewältigen. Ein paar sind schon genug. Oder nur *einer.* Genug, um nicht obdachlos zu sein. Genug, um deine Welt bewohnbar zu machen.

Dann lebst du

Wenn es nur *einen* gibt – einen Menschen, der sich für dich erwärmt, einen Menschen, dessen Hoffnung, dessen Trost, dessen Frühling du bist, eine neue Jahreszeit.

Wenn es nur *einen* gibt – einen Menschen, der einen Menschen in dir findet, dann lebst du, dann lebst du nicht umsonst. Dann entsprichst du deiner Bestimmung.

Was ich tue

Du Frau, in der Pracht deines Körpers;
du Frau, in der Pracht deiner Seele. Du Frau,
so vital; du Frau, so verwundbar.

Was ich tue – so zärtlich, wie ich bin, nehme
ich dein Bild in mich auf, hülle ich dich in
nichts als Zuneigung.

Was ich tue – ich küsse dich, segne dich.
Segne dich mit meinen Augen.

Zeit

Zeit haben. Gibt es einen größeren Luxus? Zeit, wegzuträumen. Deinen Gedanken freien Lauf zu lassen. Deine Phantasie sprechen zu lassen. Zeit, durch die Landschaft deiner Erinnerungen zu irren. Zeit, wieder auf den Pfaden deiner Jugend zu wandern.

Zeit haben. Zeit, dich auf dich selbst zu besinnen. Zeit, dich zu wundern; Zeit, dich über dich selbst zu freuen. Du lebst, noch immer existierst du. Mensch bist du, Mensch mit einer Geschichte, Mensch mit einer Zukunft.

Zeit haben. Zeit für Musik, Zeit für Stille. Zeit, zu lesen; Zeit, hinzuhören. Einem Menschen zuzuhören. Oder einfach dem Rauschen der Bäume zuzuhören.

REICH

Immer mehr Menschen

In solcher Weise älter werden, dass du immer großartiger zu deinem Recht kommst. In der Qualität sichtbare Fortschritte machst. Immer ausgereifter, immer vollendeter wirst.

In solcher Weise älter werden, dass du immer mehr Leben Unterkunft bietest. Dass immer mehr Menschen sich deiner Zuwendung erfreuen.

In solcher Weise älter werden, dass du immer weniger einsam wirst. Immer mehr Menschen, die du beherbergst. Menschen, die dich vollenden.

Dieser Weg

Es bieten sich genug Wege an. Aber es gibt nur *einen* Weg für dich. Es ist der Weg, auf dem du Schritt für Schritt du selbst sein kannst – und immer mehr du selbst *werden* kannst. Gewiss nicht der bequemste Weg. Wer folgt dir noch, wer wartet auf dich? Manchmal möchtest du zurückgehen. Einen anderen Weg wählen. Aber es wäre ein Weg der Entfremdung. Immer mehr würdest du dich innerlich von dir selbst entfernen.

Dieser Weg. Dem Menschen, der du auf derart großartige Weise bist und *noch* großartiger werden darfst, treu sein. Dieser Weg. Es ist der einzige Weg, der dich nicht aus der Landschaft deiner Seele wegführt.

Oder noch immer

Einst bist du Kind gewesen. Hast du im Gras gespielt, hast du dich mit dem Wind gebalgt, hast du mit den Bäumen, den Blumen geredet. Träume träumen. Liedchen singen. Auf einer Wolke wegtreiben – auf einer Wolke, die winkt und winkt.

Einst. Vergangenheit. Du wurdest größer, du wurdest erwachsen. Dieses Gras, dieser Wind, diese Bäume, diese Blumen, es ist eine Phase, eine Welt, die hinter dir liegt. Wolken sind einfach Wolken. Keine Schiffe in einem himmelhohen Ozean.

Einst. Oder noch immer. Vergangenheit, aber unvollendete Vergangenheit. Noch immer *deine* Zeit, ein Teil deiner Existenz, ein Kapitel deiner Biographie. Einst. Oder noch immer irgendwie das Kind, das du einst so ursprünglich gewesen bist. Bist du dann nicht erst richtig erwachsen?

In all deiner Pracht

So leben, dass du in voller Blüte stehst. *So* leben, dass du deine positiven Qualitäten bis zum Äußersten benutzt. Alles, was dir gegeben ist: an Güte, Herzlichkeit, Gefühl, Weisheit, Kreativität und – nicht zu vergessen – an Liebe, strahlend manifestiert es sich.

Aber ein Mensch steht nicht einfach nur so in Blüte. Es ist ein innerlicher Wachstumsprozess, du musst an dir selbst arbeiten. Einem Sommer gehen andere Jahreszeiten voraus. Aufblühen kannst du nicht ohne das nötige Selbstvertrauen, aber auch nicht ohne die nötige Selbstkritik. Es kann mitunter ein peinlicher Prozess sein.

Aber letzten Endes: Wie schön, wenn du in all deiner Pracht ans Licht kommst! Blumen sehen bewundernd zu dir auf.

Was mehr ist

Tausend Blumen. Tausend Gesichter. Ein Meer, in dem du wegträumst. Eine Flut, die dich überschwemmt.

Tausend Blumen. Aber was *mehr* ist: diese eine. Blume, die dich wieder erkennt. Blume, die dich erwartet. Tausend Gesichter. Aber *mehr* ist dieses eine: Gesicht, das dir zulacht. Hafen, in den du heimkehrst. Tausend Gesichter. Ein Meer von Menschen. *Ein* Mensch.

Diese anderen Worte

Worte, die zu deiner Existenz etwas beitragen, etwas sehr Überraschendes, etwas sehr Hoffnungsvolles. Worte, die dir Geltung verschaffen, dich in deiner Selbstachtung stärken. Worte voller Licht, voller Leben.

Es gibt so viele andere Worte. Worte, die dich niederdrücken, herabwürdigen. Frostige, herzlose Worte.
Du bleibst kein Mensch dabei.

Geh ihnen aus dem Weg – diesen Worten. Sie haben kein einziges Recht. Und melde dich bei diesen anderen Worten. Sie erwarten dich schon. So vieles haben sie dir zu sagen. Zieh bei ihnen ein.

Deine Identität

Auf das, was dir in psychischer Hinsicht nützt, aufmerksam werden. Für positive Einflüsse aufgeschlossen sein. Nimm das Licht. Das Licht auf deiner Hand, das Licht auf dem Wasser. Oder ein Gedicht, ein ebenso enthüllendes wie geheimnisvolles Gedicht. Oder nimm Musik. Oder ein Gesicht – das Gesicht eines Freundes, einer Freundin.

So schön, wie du bist, so schön musst du auch bleiben. Immer schöner darfst du werden. Es gibt so vieles, was dich bedrängt, verunstaltet, anfeindet. Es gibt so viele Einflüsse, die dich nur beeinträchtigen.

Bleibe du selbst. Bleibe dem Wertvollsten, was du hast: deiner Identität, treu. Sei wenn nötig eine Ausnahme. Erkenne, wie viel du bedeutest.

So begabt bist du

Dich selbst nicht unterschätzen. Wisse, worin deine Kraft liegt. So begabt bist du. Zum Höchsten, zum Tiefsten, zum Menschlichsten – zur Liebe fähig.

Wie schön, dass es dir geschenkt worden ist: für diesen anderen da zu sein – erquickend, erhebend, segensreich! Eine Erleichterung, Hände voller Licht, eine bleibende Unterkunft. Du kannst es wirklich: Du sagen, du, ja, dich! Wie du einen Namen nennen kannst, *so* bestätigend, *so* viel versprechend.

Unterschätze dich selbst nicht. Dir geziemt ein positives Selbstgefühl. Folge den tiefsten Impulsen deines Herzens. Du – wie Aufsehen erregend wirst du dann sein!

Hans Bouma, Jahrgang 1941, lebt und arbeitet in Kampen (Holland). Er ist Theologe, Schriftsteller und Dichter. Er publiziert neben Poesie viele Sachbücher über religiöse und soziale Themen. Weit bekannt wurde er durch seine Geschenkbücher.

Ingeborg Reich, geboren 1939 in Meißen/Sachsen, dort auch erster privater Malunterricht. Der Wunsch, Kunst und Malerei zu studieren, konnte in der DDR nicht verwirklicht werden. Seit 1958 in der Bundesrepublik, seit 1975 in Fahrdorf an der Schlei. Atelierkurse bei der Hamburger Malerin Gisela Maack, außerdem Seminare bei den Professoren Korte und Uschkereit an der Akademie Sankelmark. Arbeitet seit 1992 als freischaffende Malerin.

Die Deutsche Bibliothek – CIP-Einheitsaufnahme

Ein Titeldatensatz für diese Publikation ist bei Der Deutschen Bibliothek erhältlich.

Bestell-Nr. 94562 · ISBN 3-8256-4562-2

Übersetzung aus dem Niederländischen: Francis Hijszeler
Umschlagbild. Ingeborg Reich
Gesamtherstellung:
St.-Johannis-Druckerei, Lahr/Schwarzwald
Printed in Germany 108798/2002